Cocina mexicana, sus olores y sabores

Cocina mexicana, sus olores y sabores

Editorial Época, S.A. de C.V.

Emperadores núm. 185

Col. Portales

C.P. 03300, México, D.F.

Cocina mexicana, sus olores y sabores

© Julieta LS Malvido
© Derechos reservados 2007
© Editorial Época, S.A. de C.V.
   Emperadores No. 185, Col. Portales
   C.P. 03300, México, D.F.
   email: edesa2004@prodigy.net.mx
   www.editorial–epoca.com.mx
   Tels.: 56-04-90-46
            56-04-90-72

ISBN: 970-627-568-1
ISBN: 978-970-627-568-4

Impreso en México — *Printed in Mexico*

Introducción

Para comodidad de las amas de casa, hemos reunido algunas de las recetas tradicionales de nuestro país, expuestas de manera sencilla para que hagan la labor de cocinar fácil y divertida. Estamos conscientes de que muchas veces la cocina se vuelve tediosa, sobre todo cuando se cuenta con paladares exigentes en nuestra mesa. Y es que siempre hemos dicho que si hay algo que no puede faltar en esta habitación tan importante de la casa es precisamente la imaginación, para que jamás se llegue al hastío de los sabores.

¿Qué es lo que ofrecemos?, comenzamos con un recorrido de sopas y arroces que nos sirven como primer plato, para continuar con guisados exquisitos, que representan el plato fuerte. Cada una de las recetas que se muestran a continuación realzan los olores, un método bien utilizado para abrir el apetito, así que

no lo piense más y deje que este recetario le se-
duzca primero por el sentido del olfato y luego
por el del gusto; después de todo hay un dicho
que afirma que de la vista nace el amor.

Sopas y arroces

ARROZ BLANCO

Ingredientes:

250 grs. de arroz
4 dientes de ajo
1 cebolla chica
3 tazas de caldo o agua
1 hígado de pollo, cocido
50 grs. de chícharos
2 zanahorias, picadas
Aceite, el necesario
Sal al gusto

Procedimiento:

Lavamos el arroz en varias ocasiones, luego escurrimos y dejamos que se seque al sol. Aparte, freímos los ajos en el aceite; de preferencia estos deben estar machacados para que suelten un mejor sabor; cuando queden bien fri-

tos, los retiramos y agregamos el arroz ya seco.
Añadimos la cebolla cortada a la mitad. Cuando
los granos estén fritos, sin que se hayan que-
mado, retiramos el exceso de aceite y añadimos el agua poco a poco, para evitar que nos
salte. Sazonamos con sal, agregamos los chícharos y las zanahorias, y tapamos hasta que
el arroz se seque.

ARROZ BLANCO CON PICADILLO Y PLÁTANOS FRITOS

Ingredientes:

2 tazas de arroz blanco, cocido
750 grs. de carne molida de res
4 cucharadas de aceite
2 cucharadas de cebolla, picada
1 diente de ajo, picado
2 cucharadas de perejil, picado
1 taza de tomate rojo molido
½ taza de puré de tomate
24 pasas
15 almendras peladas
2 plátanos machos, en rebanadas
Pimienta
Sal al gusto

Procedimiento:

Calentamos el aceite y en él freímos la cebolla y el ajo hasta que cambien de color; agregamos entonces la carne, y al perderse todo lo rosado de la sangre, se pone el tomate ya molido; cuando todo esté bien cocido, agregamos las pasas y las almendras peladas y cortadas en trozos regulares. Salpimentamos para realzar el sabor, ya que éste es el momento preciso para hacerlo.

Freímos los plátanos en abundante aceite, hasta que queden bien dorados. Servimos el arroz blanco ya hervido y lo acompañamos con el resto de los ingredientes, es decir, el primer preparado, los plátanos y el perejil picado. Es un platillo delicioso y muy completo.

ARROZ NEGRO

Ingredientes:

250 grs. de frijol negro
250 grs. de arroz
1 plátano macho
2 cebollas medianas
200 grs. de manteca
2 dientes de ajo
1 rama de cilantro

Agua, la necesaria
Sal al gusto

Procedimiento:

Por la noche dejamos remojar los frijoles en abundante agua. Al día siguiente los ponemos a cocer con cebolla, un diente de ajo y un poco de manteca para que tomen sabor, sin olvidarnos, claro, de la sal. Aparte freímos el arroz con manteca y ajo machacado, luego retiramos el exceso de grasa. Añadimos una taza de caldo de frijol y dejamos cocer a fuego lento. Cuando se seca, añadimos otra taza de caldo y la rama de cilantro. Estará listo cuando el arroz haya reventado. Servimos adornado con rebanadas de plátano frito.

ARROZ ROJO

Ingredientes:

2 tazas de arroz
½ taza de aceite
3 tomates rojos
3 papas, cortadas en cuadros
½ taza de chícharos cocidos
2 zanahorias, cortadas en cuadros
1 cebolla mediana

2 dientes de ajo
Agua, la necesaria
Sal al gusto

Procedimiento:

Ponemos el aceite a calentar, añadimos el ajo triturado y el arroz dejando hasta que dore. Cuando esté ligeramente dorado retiramos el exceso de grasa. Aparte, licuamos el tomate junto con la cebolla y añadimos al arroz, despacio para que no brinque; luego agregamos las verduras y dejamos que todo se cueza. Si durante este proceso el arroz no florea, podemos añadir un poco de agua, pero caliente, para que se termine de cocer, jamás fría porque afecta el sabor.

ARROZ TAPADO

Ingredientes:

Arroz blanco
1 diente de ajo
1 pechuga de pollo, cocida y deshebrada
2 claras de huevo
2 yemas de huevo
2 huevos duros, rebanados
2 chorizos, ya fritos

1 cebolla

1 tomate rojo

3 calabacitas grandes

3 zanahorias

1 puñado de chícharos

1 cucharada de harina

½ barra de mantequilla

100 grs. de azúcar

50 grs. de alcaparras

50 grs. de almendras, peladas y partidas

50 grs. de pasas

1 sobre de azafrán

1 diente de ajo

Manteca

Sal al gusto

Procedimiento:

Ponemos el arroz a remojar en abundante agua, lo escurrimos y dejamos que se seque; ponemos a freír en un poco de manteca junto con un diente de ajo. Retiramos el exceso de grasa y aparte licuamos el azafrán con un poco de agua y sal, lo vertemos sobre el arroz y añadimos una taza de agua. Dejamos que se cueza y colocamos pasas, almendras, alcaparras y tomate.

Buscamos un recipiente adecuado para hacer un preparado. Vamos a colocar una capa de arroz, rebanadas de huevo duro, chorizo frito, pollo y verduras (ya cocidas), encima va otra capa de arroz; proseguimos de esta manera hasta que terminamos nuestros ingredientes.

Batimos las claras a punto de turrón; cuando están listas se añaden las yemas y la harina hasta obtener consistencia. Combinamos entonces el azúcar en la misma mezcla. Cubrimos con ésta el arroz, luego le ponemos mantequilla y metemos al horno durante unos minutos.

CALDO DE CAMARÓN

Ingredientes:

1 kg. de camarones secos
2 chiles chipotles
2 chiles guajillo
600 grs. de tomates rojos
1 cebolla mediana
1 zanahoria, troceada
2 papas grandes, cortadas en trozos
3 dientes de ajo
Agua, la necesaria
Aceite
Pimienta
Sal al gusto

Procedimiento:

Sumergimos los camarones en agua caliente para que nos sea más sencillo retirarles la cáscara y desprenderles la cabeza. ¡Ojo!, aquí viene el secreto de un buen caldo de camarón: estas partes que le retiramos al camarón no se tiran, se muelen con un poco de agua y se conservan. Aparte, en una cacerola, ponemos un poco de aceite a calentar, y añadimos litro y medio de agua. Cuando hierva, se vacía lo molido. Por otro lado, desvenamos los chiles y los remojamos en agua por un rato para quitarles lo picoso; a estos se les añaden los tomates, los ajos y la cebolla para poder molerlos. Esta mezcla la incorporamos al caldo que está hirviendo, agregamos las papas y las zanahorias; salpimentamos, permitiendo que todo se cueza. Por último, servimos caliente.

PUCHERO MEXICANO

Ingredientes:

500 grs. de carne de res
200 grs. de garbanzos
500 grs. de carnero, en piezas
1 pollo chico, en piezas
1 hueso de tuétano

200 grs. de jamón crudo
250 grs. de chorizo
250 grs. de rellena
2 elotes tiernos
3 zanahorias
2 calabazas
10 ejotes
500 grs. de papas
2 plátanos machos
2 duraznos
2 peras
1 cebolla grande
1 diente de ajo
3 pimientas negras
Sal al gusto

Procedimiento:

Remojamos los garbanzos la noche anterior. A la mañana siguiente, ponemos una olla al fuego con bastante agua, dejamos que se entibie y antes de que hierva, comenzamos a agregar las carnes, dejando al último el pollo, pues es el que se cuece más rápido, de modo que puede desbaratarse; añadimos también las pimientas, el ajo y los garbanzos. A medio cocimiento de la carne, agregamos el pollo y un poco de sal para que todo tome sabor. Para entonces nuestro puchero ya deberá estar desprendiendo un aroma agradable.

Cuando ya están suaves las carnes, agregamos las verduras, excepto las papas y los elotes, que conforme van estando cocidos, se sacan para evitar que se rompan. Rebanamos los elotes y también los echamos. Aparte pelamos las papas y cortamos los plátanos en rebanadas.

Colamos el caldo del puchero y se sirve con los garbanzos. Como segundo plato se sirven todas las carnes junto con las verduras, y en un tercero las frutas. Como podrá ver, ésta es una comida completa.

SOPA CAMPESINA

Ingredientes:

500 grs. de aguayón en trozos
2 chiles poblanos
2 pimientos
350 grs. de tomates rojos
2 elotes, rebanados
1 rama de epazote
250 grs. de espinacas
500 grs. de flor de calabaza
500 grs. de champiñones

1/2 cebolla

1 cubo de sazonador de carne

2 dientes de ajo

Sal al gusto

Procedimiento:

Ponemos los champiñones a cocer con un poco de agua y sal. Aparte asamos los chiles poblanos, retiramos la telita de arriba y los des-

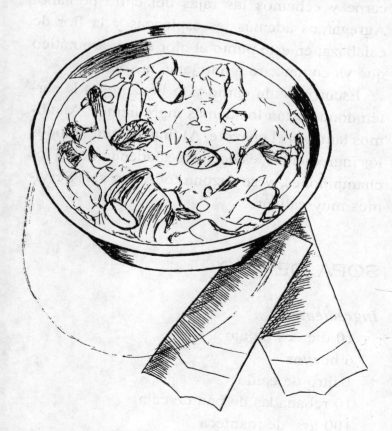

venamos perfectamente bien. En una cacerola ponemos la carne a cocer junto con cebolla, ajo, agua y sal; añadimos el cubo de sazonar para obtener un sabor especial.

En una sartén agregamos los granos de elotes, los tomates asados y sin piel, y los pimientos troceados en cuadros. Cuando estén dorados, añadimos una cucharada del caldo de la carne y echamos las rajas del chile poblano. Agregamos además las espinacas y la flor de calabaza; en este punto el olor es tan aromático que ya comenzará a antojarse la sopa.

Escurrimos la carne y la llevamos a la sartén donde están los demás ingredientes. Añadimos también el epazote. Al final se juntan todos los ingredientes, es decir, se añaden también los champiñones, y se sazona todo con sal. Servimos muy caliente.

SOPA DE AJO

Ingredientes:

10 dientes de ajo

6 huevos

1 litro de caldo

10 rebanadas de pan de caja

100 grs. de manteca

50 grs. de queso rallado
1 ramita de perejil
Pimienta
Sal al gusto

Procedimiento:

Cortamos el pan en trozos pequeños y los freímos en una cacerola con grasa; cuando los tengamos dorados, los retiramos de la cacerola y los apartamos. En la misma grasa freímos los ajos, previamente machacados. Agregamos el caldo y el perejil picado; en este punto el caldo ya debe comenzar a soltar hervor, será entonces el momento en que se agregue la sal y la pimienta. Cortamos los huevos y los añadimos al caldo. Servimos con el pan y el queso.

SOPA DE CEBOLLA

Ingredientes:

2 cucharadas de mantequilla
4 cebollas, rebanadas
4 tazas de caldo de carne
100 grs. de queso rallado
1 manojo de perejil
Pimienta
Sal al gusto

Procedimiento:

Colocamos la mantequilla en un recipiente al fuego, permitiendo que se deshaga con el calor; agregamos la cebolla hasta que cambie de color, enseguida añadimos el caldo, de preferencia tibio para que el sabor sea mejor. Añadimos el perejil, la sal y la pimienta, tapamos y dejamos que hierva. Servimos acompañando con un poco de queso.

SOPA DE FIDEOS

Ingredientes:

250 grs. de fideos
5 cucharadas de aceite
250 grs. de tomates rojos
1 cebolla chica
1 diente de ajo
1 1/2 litros de caldo
1 rama de perejil
3 cucharadas de puré de tomate
Sal al gusto

Procedimiento:

Calentamos el aceite y ahí freímos los fideos hasta que estén bien dorados, procurando que no se quemen. Colocamos sobre un papel los fideos de modo que les retiremos el exceso de grasa. Licuamos los tomates junto con la cebolla y el ajo; añadimos a la grasa sobrante y el puré de tomate para que se sazonen; cuando el tomate deje de espumear, vertemos el caldo y colocamos los fideos sazonando con sal y realzando el sabor con la rama de perejil. Una vez cocidos los fideos, retiramos del fuego y servimos de inmediato.

SOPA DE HABAS

Ingredientes:

250 grs. de habas, ya peladas
1/2 cebolla
1 1/2 litros de caldo
2 panes duros, cortados en trozos
2 tomates rojos
4 cucharadas de aceite
1 rama de cilantro
Sal al gusto

Procedimiento:

Molemos el tomate junto con la cebolla, luego colamos y ponemos a sazonar en una cacerola; vertemos el caldo junto con el cilantro y un poco de sal. Luego de remover, añadimos las habas; tapamos hasta que se cuezan, sin dejar que hiervan demasiado, pues este procedimiento es el que provoca que la sopa se sale. Aparte, freímos los trozos de pan en un poco de aceite. Al servir la sopa, decoramos con los trozos de pan.

Es importante asegurarse de que el pan quede bien escurrido al momento de servirse, ya que si aún contiene aceite, el sabor será completamente diferente.

SOPA DE JAIBAS

Ingredientes:

6 jaibas cocidas
1 tronco de apio
1 poro
2 dientes de ajo
3 tomates rojos
3 papas
1 pimiento morrón
2 cucharadas de harina
2 cucharadas de aceite
2 cucharadas de aceite de oliva
3 huevos duros (cocidos)
3 litros de agua
Pimienta
Sal al gusto

Procedimiento:

Rebanamos el poro y el apio; pelamos las papas y las cortamos en trozos pequeños. Retiramos las semillas del pimiento y lo cortamos en trozos también. Pelamos los tomates y trituramos los ajos. Aparte calentamos ambos aceites agregando en ellos las papas, el apio, el pimiento, los ajos y el poro. Cuando todo se hace transparente, agregamos la harina y, cuando ésta tome color, añadimos los tomates ya picados, dejando que todo se sazone muy bien. Vertemos el agua, dejando que hierva hasta que todo quede muy suave. Agregamos entonces la carne de jaiba desmenuzada y los huevos cocidos picados, sazonando muy bien la sopa con sal y pimienta. Servimos muy caliente, para que el sabor sea más agradable.

SOPA DE LENTEJAS

Ingredientes:

500 grs. de lentejas
1 cebolla chica
2 tomates rojos
2 dientes de ajo
2 ramas de perejil
Pimienta

Agua, la necesaria
Aceite, el necesario
Sal al gusto

Procedimiento:

Limpiamos las lentejas, cuidando de que no le quede ningún tipo de basura; después se ponen a remojar. Escurrimos y las ponemos a hervir en suficiente agua, que las cubrirá. Aparte, ponemos aceite a calentar en una cacerola y en ella se colocan el resto de los ingredientes; cuando se sazona la salsa añadimos las lentejas ya cocidas, y se terminan de cocer lentamente, probando con frecuencia para que no se salen.

SOPA DE MÉDULA

Ingredientes:

250 grs. de médula
2 litros de caldo
1 tomate rojo
1 cebolla
3 dientes de ajo
1 ramita de epazote
1 pizca de chile piquín
Sal al gusto

Procedimiento:

Limpiamos la médula con mucho cuidado, luego la cortamos en trocitos. Aparte, ponemos a asar el tomate, luego le retiramos la cáscara y licuamos junto con la cebolla y los ajos; esta mezcla la ponemos en una cacerola a la que le agregaremos el caldo. Añadimos la médula y el epazote, dejando que hierva durante diez minutos. Por último, sazonamos con chile piquín y sal.

SOPA DE TORTILLA

Ingredientes:

1/2 taza de crema
1/2 taza de aceite
18 tortillas
50 grs. de queso rallado
1 tomate rojo
3 tazas de caldo de pollo
1 rama de yerbabuena
2 dientes de ajo
1 pizca de pimienta molida
Sal al gusto

Procedimiento:

Cortamos las tortillas en trozos regulares y las freímos con un poco de aceite hasta que queden bien doradas. Pasamos el tomate por un chorro de agua caliente, de modo que sea sencillo retirarle la cáscara; cuando está listo lo licuamos con los ajos, y vertemos sobre una cacerola con un poco de aceite. Añadimos caldo, sal, pimienta y yerbabuena; esta última le dará un sabor diferente, además de un aroma exquisito. Dejamos que hierva a fuego lento y cuando el caldo está listo se añaden las tortillas de modo que sólo se remojen, pues se retira del fuego. Por último, servimos con una cucharada de crema y un poco de queso.

SOPA MEXICANA DE AGUACATE

Ingredientes:
50 grs. de mantequilla
35 grs. de harina de trigo
350 grs. de tomates rojos
1 cebolla
1 1/2 de caldo
2 patas de cerdo, cocidas
2 aguacates
2 huevos cocidos
125 ml. de vino blanco
1 cucharada de perejil picado

Pimienta
Sal al gusto

Procedimiento:

Freímos la harina junto con la mantequilla, sin dejar que se queme; agregamos el tomate rojo licuado junto con la cebolla, la pimienta y la sal; dejamos que se sazone. Cuando espese, vertemos la salsa en un recipiente en el que habremos puesto el vino, ingrediente que le dará un sabor especial. Añadimos las patitas ya cocidas y picadas, el huevo cocido, el perejil picado y por último, el aguacate picado.

Guisados

ASADO DE CERDO

Ingredientes:

1 kg. de maciza de cerdo
4 chiles anchos
2 dientes de ajo
1/2 cucharada de pimienta
1 rama de tomillo
1 rama de orégano
1/2 cucharada de canela molida
2 hojas de laurel
2 hojas de arrayán
1 cucharada de azúcar
1 cucharada de vinagre
50 grs. de manteca
Sal al gusto

Procedimiento:

Desvenamos los chiles y los ponemos a freír hasta que tomen un color más oscuro. Aparte, licuamos las almendras y hierbas de olor, menos el laurel y el arrayán. El secreto de esta receta está en que utilicemos una cacerola de barro y una pala de madera para remover. En ella colocamos la manteca y agregamos los trozos de carne previamente lavados; cuando ésta tome un color tostado añadimos el resto de los ingredientes que apartamos para que le den un sabor especial. Luego vertemos la mezcla de los chiles, y dejamos al fuego durante veinte minutos.

ASADO DE RES

Ingredientes:

1 kg de aguayón

500 grs. de papas

1 ramo de hierbas de olor

1 cebolla grande, partida en cuatro

4 dientes de ajo, triturados

1 cucharada de manteca

Pimienta

Sal al gusto

Procedimiento:

Ponemos la manteca a calentar en una cacerola un poco profunda, echamos en ella la carne troceada y dejamos que suelte su jugo. Cuando cambie de color y comience a soltar su aroma agregamos los trozos de cebolla, los dientes de ajo y las hierbas de olor, lo que nos permitirá realzar el sabor de la carne. En el momento en que la cebolla y los ajos cambien de color se vacía un poco de agua y se salpimenta. Cortamos las papas en trozos y las agregamos al caldo. La carne estará lista cuando al pincharla se deshaga.

BISTECES A LA CAZUELA

Ingredientes:

1 kg. de bisteces (pueden ser de res o cordero)

3 tomates rojos, sin piel y picados

4 chiles cuaresmeños

3 dientes de ajo, picados

1 cebolla grande, rebanada

1 pizca de orégano

1 cucharada de manteca

Pimienta

Sal al gusto

Procedimiento:

Ponemos la manteca en una cacerola, pasamos los bisteces hasta que cambien de color, sin que lleguen a cocinarse, procedimiento que nos sirve para que la manteca se impregne del jugo de la carne, lo que le dará sabor a nuestro guisado. Retiramos los bisteces y en esa misma grasa freímos los ajos, la cebolla y los chiles cuaresmeños hechos rajas; agregamos los tomates y dejamos que todo se sazone con un poco de sal y pimienta. Luego añadimos la pizca de orégano y la carne, y permitimos que terminen de cocinarse. Servimos de inmediato.

BISTECES ENCHILADOS

Ingredientes:

500 grs. de aguayón rebanado
500 grs. de papas
4 chiles anchos
1 diente de ajo
2 cucharadas de vinagre
Aceite, el necesario
Sal al gusto

Procedimiento:

Tostamos los chiles y los desvenamos con mucho cuidado, procurando que queden muy limpios, de esto dependerá el sabor de nuestro guisado; luego los licuamos junto con el ajo y el vinagre. Aparte, salamos los bisteces y los untamos con un poco del chile molido, luego los freímos con mucho cuidado en una sartén. Cortamos las papas y las freímos junto con la carne, de modo que penetre en ellas el sabor de los chiles. Al final servimos todo junto.

CABRITO

Ingredientes:

2 chiles mulatos, desvenados y remojados
1 cebolla mediana
3 tomates rojos
4 dientes de ajo
1 cabrito tierno
24 aceitunas
3 tornachiles
5 hojas de laurel
3 cucharadas de aceite para cocinar
1 rama de tomillo
1 rama de mejorana
1 rama de yerbabuena

1 pizca de orégano seco
3 chiles serranos (de preferencia, en escabeche)
Aceite
Sal al gusto

Procedimiento:

Si es posible, pida que le entreguen sangre del cabrito cuando haga la compra, y la ponemos a cocer al vapor. Cortamos el cabrito en trozos, y ponemos a cocer con ajos y sal, de modo que se realce el sabor de la carne. Pelamos los tomates rojos, les retiramos las semillas y los licuamos con la sangre, los chiles, los tornachiles, la cebolla y el ajo sobrante. Ponemos esta mezcla a freír en aceite caliente, luego la vertemos sobre el cabrito, que ya deberá estar cocido. Esto le dará un sabor muy peculiar; aunque lo dude, no se notará que el caldo contiene la sangre del animal. Distribuimos las hierbas de olor y agregamos más sal, de modo que espese el caldo. Se sirve caliente, adornado con las aceitunas y espolvoreado con el orégano. Los chiles se sirven por separado.

CARNE DE CERDO CON RAJAS

Ingredientes:

1 kg. de carne de cerdo, en retazos
5 tomates rojos, asados y sin piel
1 cebolla grande
6 chiles poblanos, asados y cortados en rajas
8 chiles serranos (opcional)
5 dientes de ajo
1 queso fresco, partido en rajas (250 grs.)
Agua, la necesaria
Aceite, el necesario
Sal al gusto

Procedimiento:

Asamos los chiles serranos junto con los ajos, y les ponemos encima un poco de sal para que vayan tomando sabor. Freímos la carne de cerdo sobre lo anterior hasta que quede color café, sin que llegue a perder por completo su jugo y aroma fresco; cuando esto ocurra, agregue un poco de agua para que termine de cocerse, ésta tomará el sabor de la carne. En el momento en que se consume toda el agua, se agrega un poco de manteca o aceite y se fríen en ella las rajas. Incorporamos los tomates rojos y por último, cuando se hayan sazonado, el queso. Para que el sabor sea más agradable, permita que el queso se funda con el calor del guisado.

CARNERO ESTILO BARBACOA

Ingredientes:
    2 kg de carnero en piezas
    3 chiles anchos
    3 chiles mulatos
    3 dientes de ajo
    2 lechugas
    Pimienta gorda
    Sal al gusto

Procedimiento:
    Una noche antes, tostamos y desvenamos los chiles, dejándolos en agua toda la noche para que pierdan lo picoso. Al día siguiente, los licuamos con los ajos, la pimienta gorda y la sal; con la mezcla bañamos cada una de las piezas del carnero. En una vaporera ponemos las hojas de la lechuga, encima colocamos cada una de las piezas del carnero; debemos terminar cubriendo con el resto de las hojas de lechuga, de esto depende nuestro éxito en el sabor. Ponemos al fuego y dejamos que se cueza

de forma tradicional. Estará listo aproximadamente en tres horas: la señal será la suavidad
de la carne.

CEVICHE

Ingredientes:
  1 kg. de pescado, de preferencia sierra
  1 cebolla grande, picada
  4 tomates rojos, picados
  6 cucharadas de perejil picado
  6 cucharadas de aceite de oliva
  3 aguacates grandes
  8 aceitunas
  1 pizca de orégano
  1 chorro de vinagre
  1 chile serrano, picado
  2 limones, el jugo
  Sal al gusto

Procedimiento:
   Cortamos el pescado en trozos muy pequeños, cuidando que no contenga la pulpa nin-
guna espina. Cubrimos con el jugo de limón,
dejando que repose por lo menos dos horas;
de ahí el secreto en el sabor. Transcurrido ese
tiempo, escurrimos el pescado de modo que no

le quede jugo. Aparte mezclamos los tomates, de preferencia sin piel y semillas, el perejil, el aceite de oliva, el vinagre, la cebolla picada y la sal. Agregamos el pescado y revolvemos muy bien. Dejamos que repose media hora. Luego añadimos la pizca de orégano, el aguacate picado y las aceitunas cortadas en rodajas. Se sirve de inmediato.

CHALUPAS

Ingredientes:

3 cucharadas de manteca
6 clavos de olor
3 lechugas, rebanadas
500 grs. de lomo de cerdo
250 grs. de queso seco rallado
500 grs. de betabel
500 grs. de zanahoria
500 grs. de frijoles negros cocidos
25 tostadas medianas
Sal al gusto

Procedimiento:

Freímos las tostadas en un poco de manteca y las dejamos que se escurran. Molemos los frijoles y los freímos también. Aparte, ponemos los betabeles y las zanahorias a cocer, cuando estén listos, los rebanamos. Ponemos a cocer el lomo de cerdo, que habremos mechado con los clavos de olor, es decir, los incrustaremos en la carne, dejando que se cocinen; esto le dará un sabor muy especial, además de que la carne desprenderá un aroma más agradable al hervir. Ya cocida la carne, se corta en tiras y se fríe en un poco de **manteca**.

Cuando **tenga**mos todo listo, haremos lo siguiente: ponemos una tostada, la untamos con frijoles, luego le colocamos lechuga, betabel, zanahoria, rebanadas de carne y, por último, espolvoreamos con queso.

CHICHARRÓN EN TOMATE ROJO

Ingredientes:

250 grs. de chicharrón grueso

6 chiles serranos

3 chiles poblanos, asados y cortados en rajas

3 dientes de ajo

4 tomates rojos, asados y sin piel

1 rama grande de cilantro

1 cucharada de manteca

1 trozo de cebolla

Sal al gusto

Procedimiento:

El éxito de nuestro guisado, en cuanto a sabor, consistirá en que sepamos elegir el chicharrón, es decir, que tenga un poco de carne adherida, aunque pesa más, por lo que es probable que le den menos del de costumbre. Molemos los tomates, los chiles serranos, el ajo y la cebolla. En una cacerola ponemos la manteca a calentar y añadimos en ella los chiles poblanos; cuando suelten un aroma que comience a picarnos la nariz, vertemos encima los tomates ya licuados; sazonamos con sal y, al primer hervor de este caldillo, trozamos el chicharrón y lo mezclamos perfectamente. Se sirve con un poco de cilantro encima.

CHILES SERRANOS EN ESCABECHE

Ingredientes:

500 grs. de chiles serranos

1 litro de vinagre blanco

5 zanahorias, cocidas

1 cebolla, rebanada

6 clavos de olor

5 pimientas gordas

1 raja de canela

1 rama de tomillo

1 rama de orégano

1 trozo de jengibre

3 dientes de ajo

3 hojas de laurel

5 cucharadas de aceite

1 frasco de vidrio, esterilizado

Sal al gusto

Procedimiento:

Lavamos los chiles y cortamos los rabitos, aunque sin retirarlos por completo. Aparte ponemos el vinagre en una cacerola y ponemos en él las especias; cuando hierva añadimos los chiles hasta que se tornen de un verde más claro; para entonces ya deben despedir un aroma agradable. Retiramos del fuego y dejamos reposar.

Aquí viene el secreto de la receta: cada uno de los chiles los vamos a freír en un poco de aceite, pero sólo unos instantes; añadiremos también la cebolla, el ajo y las hojas de laurel, si ya las había agregado puede sacarlas de la conserva y añadirlas a la sazón.

En el frasco esterilizado vaciamos la salmuera, es decir, la conserva (primera mezcla), añadimos los chiles ya fritos y las zanahorias cortadas en trozos. Tapamos muy bien, y los utilizamos cada vez que se apetezcan.

CHORIZO CON QUESO Y CHILE

Ingredientes:

1 cebolla mediana, picada
2 cucharadas de aceite para cocinar
5 piezas de chorizo
6 piezas de chile ancho
1 diente de ajo
250 grs. de queso Oaxaca o asadero
Sal al gusto

Procedimiento:

Una noche antes, abrimos los chiles y los desvenamos dejando que reposen en agua hasta la mañana siguiente. Sacamos los chiles y los ponemos en un poco de agua con sal. Aparte, sacamos todo el chorizo y lo freímos con muy poca grasa, aunque de preferencia sin ella. Licuamos el chile, la cebolla y el ajo, luego lo vaciamos sobre el chorizo; sazonamos con un poco de sal. Cuando el chile está sazonado, retiramos del fuego y servimos con un poco de queso y algunas tortillas. Es un guisado de sabor fuerte.

COCO RELLENO DE MARISCOS

Ingredientes:
  100 grs. de pan molido
  2 hojas de laurel
  125 ml. de vino blanco
  1 litro de agua de coco
  50 grs. de aceitunas
  2 limones
  250 grs. de tomates rojos
  1 cebolla
  6 cucharadas de aceite
  100 grs. de abulón
  3 jaibas
  250 grs. de camarón fresco
  24 ostiones frescos
  24 almejas
  4 cocos frescos grandes
  Pimienta
  Sal al gusto

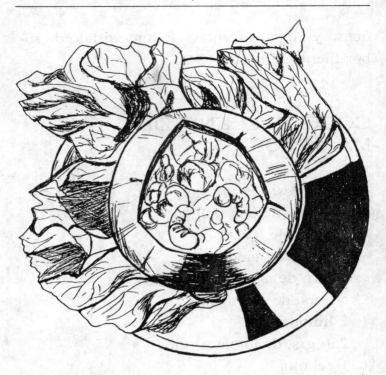

Procedimiento:

Cortamos la cebolla y la ponemos a freír en un poco de aceite hasta que cambie de color; añadimos las almejas, los ostiones, los camarones y la jaiba, sazonamos con el jugo de los ostiones y un poco de sal, dejamos hervir sólo unos minutos permitiendo que se consuma un poco de jugo.

Cortamos la parte superior del coco, extrayendo toda el agua, y con una cuchara sacamos toda la pulpa. Aparte, en una sartén freímos el tomate junto con el jugo de los limones y el vino, esto le dará un sabor muy especial, el cocimiento debe oler delicioso. Agregamos las hojas de laurel, la sal, el pan molido, las aceitunas y la pimienta a los tomates y dejamos que termine de sazonarse. Luego añadimos los mariscos y el abulón picado.

En un recipiente mezclamos todos los ingredientes, los cuales soltarán un aroma exquisito, y rellenamos cada uno de los cocos. Por último los metemos al horno aproximadamente diez minutos. Servimos de inmediato.

CONEJO CON HONGOS

Ingredientes:

1 conejo
100 grs. de jamón cocido
100 grs. de mantequilla
100 grs. de hongos, pueden ser champiñones
40 grs. de harina
2 cebollas medianas
1 taza de puré de tomate
1 cucharada de manteca
4 cucharadas de vino blanco
125 ml. de vinagre
4 cucharadas de aceite
2 hojas de laurel

2 ramas de tomillo
2 ramas de mejorana
Pimienta
Sal al gusto

Procedimiento:

Limpiamos el conejo, el cual de preferencia deberá estar tierno y cortado en piezas. Lo metemos en una cacerola de barro con un poco de aceite, vinagre, cebolla cortada, hierbas de olor y sal; dejamos reposar durante 24 horas, tiempo en el que el conejo adquirirá un olor a especias. Escurrimos.

Lavamos los hongos y los freímos en un poco de mantequilla, añadimos cebolla rallada; bajamos el fuego permitiendo que los champiñones se impregnen de sabor. Cada una de las piezas del conejo las pasamos por la harina y las freímos en la manteca. Una vez doradas todas las piezas, añadimos el puré, el jamón, la pimienta, el vino blanco y la sal. Dejamos que todo se cueza y servimos aún estando caliente.

CORONA DE FRIJOLES

Ingredientes:
    1/4 de cucharada de orégano molido
    50 grs. de queso añejo rallado
    1 cucharada de cebolla picada
    2 chiles chipotles en vinagre
    100 grs. de manteca
    1 cucharada de harina
    500 grs. de frijoles cocidos y colados
    10 tostadas
    2 rábanos, cortados
    Sal al gusto

Procedimiento:
    Dividimos la manteca, en una parte ponemos a acitronar la cebolla; cuando ésta cambie de color, agregamos entonces la cucharada de harina, sal y revolvemos para que se incorpore. Añadimos los frijoles junto con el orégano y los chipotles; ya todo refrito se pasa a un molde engrasado, el cual debe tener forma de corona. Metemos al horno durante veinte minutos. Luego desmoldamos y bañamos con el queso. El hueco lo rellenamos con las tostadas cortadas en trozos y el rábano.

ENCHILADAS ESTILO DURANGO

Ingredientes:
24 tortillas de maíz
1/4 de litro de crema
3 chiles anchos
3 chiles mulatos
4 cucharadas de manteca
1 cebolla grande, cortada
1 pieza de queso fresco (250 grs.)
Agua, la necesaria
Sal al gusto

Procedimiento:
Una noche antes, ponemos los chiles a tostar y los desvenamos perfectamente bien. Los dejaremos toda la noche en agua con un poco de sal, de manera que pierdan lo picoso. Al día siguiente los licuamos y freímos con una cucharada de manteca; podemos agregar un poco de agua, sin ser demasiada porque podríamos alterar el sabor. Sumergimos cada una de las tortillas en esta salsa y luego las freímos en el resto de la manteca. Colocamos en un platón las tortillas hechas rollito; bañamos con crema, queso y cebolla. Al momento de tenerlas todas ya perfectamente bañadas, vertemos el resto de la salsa.

COSTILLA EN SALSA VERDE

Ingredientes:

1 kg. de costilla de cerdo
500 grs. de tomates verdes
½ cebolla, picada
1 chile serrano
3 cucharadas de aceite
2 dientes de ajo
1/2 cucharada de cominos
Sal al gusto

Procedimiento:

Ponemos las costillas a freír en una cacerola con un poco de aceite, cuando éste ya se encuentre caliente. Si la carne suelta demasiada grasa se puede retirar, pero si sólo es caldo, dejamos que se consuma. Aparte licuamos todos los ingredientes y añadimos esta mezcla a la carne. Dejamos que las costillas terminen de cocerse y las comemos de inmediato.

ENTOMATADO JANO

Ingredientes:

1 kg. de chambarete
20 tomates verdes, lavados y partidos en cuatro

2 cebollas, partidas en cuatro
8 dientes de ajo, picados
10 chiles serranos
1 pizca de pimienta negra
2 cucharadas de manteca o aceite
Sal al gusto

Procedimiento:

Ponemos a cocer la carne de res en un poco de agua con aceite y sal; esto es indispensable para que no pierda el sabor. En una cacerola freímos los ajos, los chiles y la cebolla, cuando esta última cambie de color agregamos la carne troceada y dejamos que se fría. Luego añadimos el tomate verde licuado y tapamos para que se cueza. Destapamos y sazonamos con pimienta negra y sal. El guisado **está** listo en cuanto el tomate se haya sazonado.

FRIJOLES NEGROS DE LA OLLA

Ingredientes:

1 cabeza de ajo
1 cebolla mediana con rabo
Agua, la necesaria
1 kg. de frijoles negros

Manteca
Sal al gusto

Procedimiento:

Limpiamos los frijoles y los lavamos en abundante agua, luego los dejamos remojando como mínimo cinco horas. Los ponemos a cocer con la cebolla y el ajo en esa misma agua, de preferencia en una olla exprés para que sea mucho más corto el proceso. Cuando estén listos (tiernos), añadimos sal.

El procedimiento tradicional es diferente: luego de que se remojan los frijoles, se ponen a hervir con su propia agua pero en una olla de barro, previamente engrasada con un poco de manteca. Se añade un poco de sal y la cebolla. Tardan en cocer aproximadamente cinco horas, tiempo que los estaremos vigilando y removiendo constantemente con una pala de madera, lo que permite que adquieran un mejor sabor. Si lo prefiere puede añadir un poco de epazote y chile picado, pero esto es opcional. Notará que el sabor es muy distinto.

FRIJOLES RANCHEROS

Ingredientes:

500 grs. de frijoles negros
300 grs. de masa
3 cucharadas de manteca
3 elotes tiernos
1 rama de epazote
1 chipotle
2 cucharadas de aceite para cocinar
2 cucharadas de cebolla picada
1 diente de ajo
Agua, la necesaria
Sal al gusto

Procedimiento:

Ponemos los frijoles a cocer en abundante agua, con sal y un poco de ajo. Con la masa vamos a hacer unas bolitas, luego las mezclamos con manteca y un poco de sal, haciendo una presión en el centro con el dedo, pero sin que atravesemos para el otro lado. Las ponemos a cocer con los frijoles, lo que servirá para espesarlos.

Aparte freímos la cebolla picada en el aceite picado hasta que cambie de color, añadimos los frijoles ya escurridos, la rama de epazote, el chipotle y los elotes rebanados; dejamos que todo hierva durante quince minutos. Se sirve de inmediato acompañado de preferencia con tortillas de maíz.

HUEVOS CAPORAL

Ingredientes:

8 huevos estrellados
8 tortillas
1 1/4 taza de frijoles refritos
2 tazas de salsa de tomate rojo
8 rebanadas de queso fresco
Aceite
Sal al gusto

Procedimiento:

Pasamos las tortillas en aceite, dejándolas suaves o doradas, esto dependerá del gusto. Untamos frijoles y colocamos encima un huevo estrellado, sobre de esto vertemos un poco de salsa roja (vea la receta siguiente), adornamos cada tortilla con una rebanada de queso fresco y sazonamos con un poco de sal. Es un platillo sencillo y rico.

HUEVOS RANCHEROS

Ingredientes:

2 huevos

2 tortillas

Salsa roja

Aceite

1 rebanada de queso

Sal al gusto

Procedimiento:

En una sartén colocamos el suficiente aceite como para hacer unos huevos estrellados; luego freímos las tortillas y colocamos encima cada uno de los huevos; bañamos con un poco de salsa y adornamos con el queso. Se come de inmediato.

Podemos preparar la salsa con:

2 tomates rojos

1 trozo de cebolla

1 chile serrano

1 pizca de sal

1/2 diente de ajo

Asamos los tomates y los chiles, luego licuamos junto con el resto de los ingredientes. O si lo prefiere puede cortar todo en trozos y ponerlo a sazonar en una sartén; de cualquier forma la salsa es deliciosa.

HUEVOS REVUELTOS A LA MEXICANA

Ingredientes:
   12 huevos
   2 tomates rojos
   3 cucharadas de cebolla, picada
   3 cucharadas de perejil, picado
   3 chiles serranos, picados
   4 cucharadas de manteca o aceite
   Sal al gusto

Procedimiento:
   En una cacerola ponemos el aceite o la manteca a calentar; cuando esté listo añadimos los huevos cuidando de que no se escape una cascarilla; cuando comiencen a endurecer, añadimos el resto de los ingredientes, finalizando con la sal. Dejamos que terminen de cocerse.

LENGUA A LA VINAGRETA

Ingredientes:

1 lengua de res cocida y rebanada
1 lata de chiles serranos en escabeche
2 cebollas grandes
1 chorrito de vinagre
1/4 de cucharada de mostaza
1 cucharada de aceite
1 pizca de orégano
Sal al gusto

Procedimiento:

Distribuimos la lengua en un recipiente. Aparte, mezclamos el vinagre, la mostaza, el aceite y un poco de sal, se revuelve bien y con esto se baña la lengua de res. Añadimos la cebolla rebanada, los chiles picados y el orégano, que será el ingrediente que le dé el toque final a nuestro guisado, pues realza el sabor considerablemente. Es un poco picoso, pero vale la pena.

LENGUA ALMENDRADA

Ingredientes:

1 lengua de res, cocida
100 grs. de almendras

1 rebanada de pan de caja

4 tomates rojos

1 cebolla

4 chiles en vinagre

2 dientes de ajo

1 raja de canela

2 clavos de olor

1 cucharada de pimienta

10 aceitunas

Sal al gusto

Procedimiento:

Con un cuchillo raspamos la lengua por todos lados, de modo que se le retire la tela que la cubre, ya que ésta le da un mal sabor. De preferencia la habremos hervido antes con sal, ajo y un poco de cebolla. Aparte, ponemos la mitad de las almendras en un poco de agua caliente y el resto las freímos con todo y cáscara. En una cacerola freímos el pan troceado, los tomates, la canela y el clavo, después licuamos todo; se vierte la mezcla sobre la misma cacerola y sazonamos con sal y pimienta. Agregamos un poco de agua en la que cocimos la lengua, misma que cortaremos en rebanadas y añadiremos también, junto con las aceitunas, las almendras que pusimos en agua y los chi-

les en vinagre. Dejamos que todo se sazone.
Por último, servimos caliente.

LENGUADO

Ingredientes:
1/2 barra de mantequilla
1 kg. de lenguado, ya sin piel.
6 papas, cocidas y peladas
1 rama de perejil picado
2 limones
Pimienta
Sal al gusto

Procedimiento:
Lavamos y ponemos a secar el lenguado.
Distribuimos la mantequilla en una sartén
donde no se peguen los alimentos (de teflón),
cuando ésta suelte el hervor, sin que llegue a
quemarse, incorporamos el lenguado perfectamente seco, pues de lo contrario provocará que
la mantequilla nos salte. Espolvoreamos con pimienta y sal. Removemos constantemente para
que no se vaya a pegar. Retiramos del fuego
y espolvoreamos con el perejil, para entonces
ya debe tomar un aroma a esta hierba. Se sirve

acompañado de las papas y algunas rodajas que
obtendremos de los limones.

LOMO AL JEREZ

Ingredientes:

  1 kg. de lomo de cerdo
  100 grs. de ciruelas pasas, sin hueso
  3 chiles serranos
  500 grs. de papas cambray
  1 cucharada de mostaza
  1 vaso de jerez dulce

1 rollo de papel aluminio
Pimienta
Sal al gusto

Procedimiento:

Al lomo le haremos algunas perforaciones con el cuchillo, en cada una de ellas colocaremos un trozo de ciruela, lo que le dará un sabor agridulce, y un trozo de chile serrano. Aparte, mezclamos la mostaza, la pimienta y la sal, y bañamos el lomo con la mezcla. Colocamos la carne en un recipiente y envolvemos con papel aluminio. Llevamos al horno procurando sacarlo cada quince minutos para bañarlo con la salsa, de esto dependerá el sabor final, además de que el aroma se afinará. Una vez listo el lomo, se sirve con las papas ya cocidas y peladas.

MOLE NEGRO AL ESTILO OAXACA

Ingredientes:

1 guajolote tierno
1 kg. de espinazo de cerdo
20 chiles chilcahuatles negros
8 chiles mulatos
180 grs. de manteca

75 grs. de almendras

2 hojas de aguacate

50 grs. de nuez

40 grs. de cacahuates

2 cucharadas de ajonjolí

1 tortilla

3 cucharadas de pasas

2 tablillas de chocolate

50 grs. de pan blanco

800 grs. de tomate rojo

6 clavos de olor

1 raja de canela

1 cucharada de orégano

6 tazas de caldo

Procedimiento:

Ponemos la tortilla a quemar, junto con las semillas del chile chilcahuatle; esto puede provocarnos una sensación de cosquilleo, pero al final con los resultados seremos compensados. También es importante decir que la tortilla no debe quedar carbonizada, pues de esto depende el sabor de nuestro mole.

Tostamos los chiles, los desvenamos y los ponemos a remojar en agua para evitar que piquen demasiado. Luego de un rato, los molemos en un molcajete y los freímos con un poco de manteca. Estarán listos cuando la grasa comience a despegarse, ésa será nuestra señal para agregar las nueces, los cacahuates, la tortilla, las almendras, el pan y las especias, las cuales ya habremos frito en un poco de manteca y se han molido junto con las pasas, las almendras y el ajonjolí ya tostado. Revolvemos muy bien. Tostamos las hojas de aguacate y las molemos, luego las agregamos a la mezcla anterior.

Cuando tengamos una mezcla firme, añadimos el tomate rojo, el chocolate y el guajolote ya cocido. Ponemos todo al fuego de modo que se sazone. Añadimos el espinazo ya cocido, el orégano y seis tazas de caldo. Dejamos hervir durante el tiempo que sea necesario, es decir, hasta que la salsa tome la consistencia que deseemos, aunque cabe destacar que el mole entre más espeso es más sabroso.

OSTIONES AL GRATÍN

Ingredientes:

20 ostiones al natural
500 grs. de espinacas
200 grs. de queso chihuahua
50 grs. de chipotles adobados
150 grs. de mantequilla

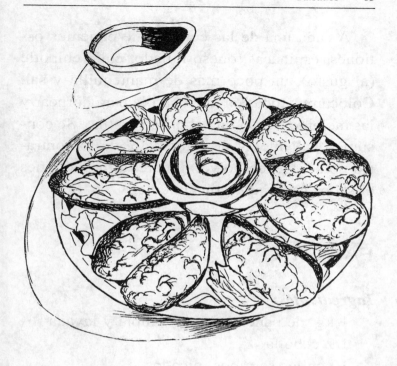

20 conchas de ostiones
Sal al gusto

Procedimiento:

Lavamos las espinacas y cortamos en tiras delgadas, lo más que podamos, pues si quedan muy gruesas nos será un poco desagradable masticarlas. Luego las ponemos a cocer, aunque no demasiado, lo mejor será calentar agua y sumergirlas en ella durante tres minutos. Untamos las conchas con un poco de mantequilla, esto dará un sabor muy especial.

A cada una de las conchas, le ponemos ostiones, espinacas, queso rallado, chile chipotle (al gusto), un poco más de mantequilla y sal. Colocamos todas en una charola para hornear y las metemos hasta que el queso gratine. Se consumen calientes y de inmediato, de lo contrario no se pueden volver a meter al horno, pues el sabor cambiará radicalmente.

PANCITA

Ingredientes:

1 kg. de pancita de res, limpia y lavada
1/2 cebolla
10 chiles serranos, picados
2 cebollas, en rodajas
6 dientes de ajo, picados
3 tomates rojos, sin piel y picados
3 ramas de cilantro, picado
1 cucharada de manteca
2 ramas de epazote, picado
Sal al gusto

Procedimiento:

Ponemos la pancita a cocer en una cacerola junto con la cebolla y la sal; podemos añadir un poco de manteca, aunque esto es opcional.

Aparte freímos la cebolla en rodajas con el ajo y los chiles; en cuanto la pancita esté cocida, la colamos y añadimos a la cebolla. Agregamos también el tomate, el cilantro y el epazote, dejando que todo se sazone. Este guisado comienza a soltar un aroma agradable desde que la pancita se pone a cocer, además de que es delicioso.

PATITAS DE CERDO EN VINAGRE

Ingredientes:

1/4 de taza de aceite de oliva
2 zanahorias grandes cocidas
2 dientes de ajo
1/2 cucharada de orégano molido
1 cebolla mediana, cortada
1 rama de orégano
1 rama de tomillo
1/4 de taza de vinagre
6 patitas de cerdo
1 chorrito de vinagre
Agua, la necesaria
Pimienta
Sal al gusto
Agua la necesaria

Procedimiento:

Ponemos las patitas a cocer en abundante agua, junto con las hierbas de olor, ajo y sal durante el tiempo que sea necesario. Puede hacerlo en la olla exprés. Aparte, mezclamos el aceite de oliva, el vinagre, tres cucharadas de agua, el orégano en polvo, la sal y la pimienta. Agregamos a la mezcla la zanahoria cortada y la cebolla, revolvemos. Por último, colocamos las patitas en un recipiente y añadimos la mezcla, lo que les dará un sabor muy especial.

PESCADO CHINANTECO EN PILTE

Ingredientes:

1 manojo de epazote
1 manojo de cilantro
2 cebollas grandes
125 ml. de aceite
6 chiles serranos
1 cabeza de ajo
700 grs. de tomate rojo
1 1/2 kg. de pescado bagre fresco
Sal al gusto
1 rollo de papel aluminio

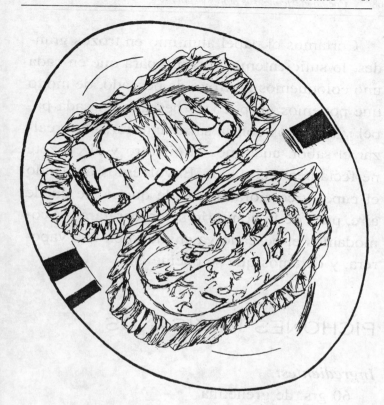

Procedimiento:

Cortamos el pescado en rebanadas finas, luego las lavamos y secamos perfectamente con un paño. Sazonamos con sal y permitimos que tomen sabor, es decir, las dejamos reposar. Aparte, picamos los tomates, los chiles, la cebolla y el ajo, todo perfectamente bien; luego freímos todo en una sartén con el aceite bien caliente. Dejamos hasta que se sazonen y el tomate deje de espumear.

Cortamos el papel aluminio en trozos grandes, lo suficientemente como para que en cada uno coloquemos un trozo de pescado, de modo que ponemos un poco de pescado en cada papel y bañamos con la salsa anterior; para realzar el sabor, añadimos el cilantro y el epazote perfectamente cortados. Envolvemos doblando el papel y cerciorándonos de que no le quede aire, pues de lo contrario se desbaratarán. Acomodamos el pescado ya envuelto en una vaporera, y dejamos que se cocine ahí.

PICHONES MEXICANOS

Ingredientes:

60 grs. de grenetina
1 ramo de hierbas de olor
1 taza de aceitunas
1/2 taza de aceite
1/4 litro de jerez fresco
2 cucharadas de fécula de maíz
1 manojo de perejil
1 lata de champiñones picados
250 grs. de tocino picado
1 cebolla, picada
10 pichones
Pimienta

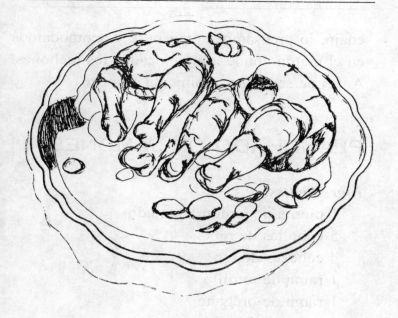

Agua, la necesaria
Sal al gusto

Procedimiento:

Lavamos los pichones perfectamente bien,
luego licuamos sus hígados con un poco de sal
y reservamos. El resto de la carne la freímos en
aceite; escurrimos y en la grasa sobrante freímos el tocino, las hierbas de olor, las aceitunas,
los champiñones, la cebolla y los hígados ya licuados; cuando todo está bien sazonado, agregamos la fécula de maíz a modo que espese. Vertemos el jerez, el perejil picado y un litro de agua,
colamos y añadimos la grenetina; una vez que

cuajó, lo prensamos como puré y acomodamos
en el platón donde irán colocados los pichones.
Antes de servir se salpimenta al gusto.

PLANCHADO DE JAMONES

Ingredientes:
1 pierna de jamón ahumado
5 cebollas de rabo
4 cabezas de ajo
1 rama de tomillo
1 rama de orégano
6 hojas de laurel
5 hojas de arrayán
1 pieza de queso panela (250 grs.)
2 rebanadas de piña
1 rama de hinojo
1 taza de vino blanco dulce
250 grs. de azúcar
7 litros de agua
1 azafrán
Carbón, el suficiente
Agua, la necesaria
Una plancha

Procedimiento:

Forzosamente este platillo se tiene que hacer en el anafre, de lo contrario el sabor será muy diferente. Sobre el anafre, ponemos un recipiente con el agua, ahí echamos la carne junto con todo los ingredientes, a excepción del azúcar y la piña. Cuando esté cocida, la retiramos y quitamos toda la grasa que podamos, es decir, las partes blancas. Bañamos la pierna con el azúcar y la ponemos sobre la plancha caliente de modo que se vaya cristalizando; sabremos que está lista cuando obtenga un color dorado. Éste es un platillo agridulce, pero delicioso. Se adorna con la piña rebanada.

POLLO EN PIPIÁN

Ingredientes:

1 pollo grande en piezas
3 chiles pasilla
1/2 cebolla mediana
150 grs. de pepitas de calabaza
4 dientes de ajo
1 rama de cilantro
200 grs. de tomates verdes
1/2 cucharada de pimienta
Aceite, el necesario

Agua, la necesaria

Sal al gusto

Procedimiento:

Ponemos los chiles a asar, luego los desvenamos y ponemos a hervir en un poco de agua. Aparte, freímos las pepitas. Las licuamos junto con los chiles, la cebolla, los ajos, el cilantro, la pimienta y el tomate verde. Esta mezcla la llevamos al fuego para que se sazone con un poco de sal. Añadimos el pollo cortado en piezas y dejamos que se cueza. El resultado es un guisado de buen sabor con una consistencia que no podríamos conseguir con un pipián ya preparado.

POLLO PIBIL

Ingredientes:

4 cucharadas de aceite para cocinar

4 rebanadas de cebolla

2 tomates rojos grandes

2 naranjas agrias

1 trozo de achiote

10 hojas de plátano

1 pollo grande

1 chile de árbol picado

Orégano
Pimienta
Sal al gusto

Procedimiento:

Flameamos las piezas de pollo, quitándoles el hueso y luego lavándolas. Untamos con achiote cada una de las piezas y bañamos con el jugo de las naranjas; tenemos que dejar que repose la carne por lo menos dos horas. Mientras esperamos agregamos pimienta y un poco de sal. Metemos cada una de las piezas del pollo en un trozo de hoja de plátano, colocamos encima un poco de tomate rojo, arillos de cebolla, una pizca de chile de árbol y otra pizca de orégano, se envuelven y colocan sobre una vaporera para que se cuezan. Si nota que las hojas se rompen, entonces páselas por una flama antes de usarlas, esto las hará manejables. La carne obtiene el sabor de las hojas y desprende un aroma agradable. El platillo estará listo cuando el pollo esté suavecito.

POZOLE ESTILO JALISCO

Ingredientes:

750 grs. de maíz cacahuazintle
500 grs. de cabeza de cerdo
500 grs. de lomo de cerdo
1 1/2 cucharadas de cal
1 pieza de queso fresco (250 grs.)
1 pollo
3 patitas de cerdo
6 chiles anchos
2 dientes de ajo
1 lechuga, rebanada
1 rábano largo, rebanado
5 pizcas de orégano seco
1 cebolla, picada
3 limones, el jugo
10 tortillas fritas
1 cucharada de manteca
Agua, la necesaria
Sal al gusto

Procedimiento:

Un día antes, ponemos el maíz a hervir en abundante agua con un poco de ajo, sal y la manteca; cuando suelte el hervor, añadimos la cal, previamente disuelta en un poco de agua tibia. Cuando el maíz se torna amarillo desprendemos la cascarita y retiramos del fuego. Lavamos bien y le retiramos a cada grano de maíz la cabecita. Aparte tostamos y desvenamos los chiles dejándolos remojar todo el tiempo.

Al día siguiente, ponemos a cocer el maíz en abundante agua. Cortamos las carnes en trozos y ponemos a hervir junto con el maíz. Cuando empieza a reventar el maíz le agregamos sal y el chile molido con ajo, dejando que todo hierva hasta que estén suaves las carnes, sin que lleguen a deshacerse, porque esto provocará un mal sabor.

Servimos en un platón hondo; colocamos encima lechuga, cebolla, un poco de rábano, orégano desmenuzado y jugo de limón. Al lado colocamos las tortillas fritas y el queso cortado en trozos.

REVOLTIJO

Ingredientes:

2 kg. de romeros limpios

6 tazas de mole

250 grs. de camarones secos.

4 cucharadas de pan molido

1 pizca de bicarbonato

4 huevos

500 grs. de papas
1/2 taza de aceite para cocinar
Sal al gusto

Procedimiento:

Un día antes, limpiamos los romeros muy bien, quitando todas las raíces que pudieran tener, luego los lavamos y ponemos a remojar para que no se marchiten. Al día siguiente, los ponemos a hervir con sal y una pizca de bicarbonato. Aparte preparamos el mole, añadimos los romeros y dejamos que todo hierva bien. Agregamos las papas cocidas con cáscara y cortadas en trozos, y las tortitas de camarón, las cuales prepararemos como a continuación se describe:

Lavamos los camarones y les retiramos la cabeza y el caparazón. Los tostamos y licuamos. Batimos los huevos a punto de turrón, lo que nos obliga a separarlos, para que al final añadimos las yemas. En esta mezcla agregamos el licuado de camarón, el pan molido y sazonamos con sal. Tomamos un poco de esta pasta y freímos en aceite caliente.

El revoltijo estará listo cuando todos los ingredientes se incorporen perfectamente.

ROLLITOS DE ÁNGEL

Ingredientes:

1 cucharada de consomé
1 cucharada de pimienta molida
1 huevo batido
10 aceitunas
2 pechugas grandes, molidas
2 pimientos morrones, picados
Aceite
Sal al gusto

Procedimiento:

Le ponemos sal a la carne molida, luego añadimos el consomé, la pimienta y la sal; mezclamos bien. Luego agregamos los pimientos morrones y las aceitunas finamente picadas, volvemos a mover e incorporamos el huevo batido. Una vez que tenemos bien mezclada la carne, llenamos nuestras manos de aceite y tomamos un poco haciéndola rollito. Se ponen a freír en aceite.

SALPICÓN

Ingredientes:

1 kg. de falda de res

1 cebolla grande, picada finamente
8 chiles verdes, picaditos (si se desea picante)
1 manojo de cilantro, lavado y picado finamente
1 tomate rojo, pelado y rebanado
1 aguacate, pelado y rebanado
1 cucharadita de orégano y sal
6 dientes de ajo
1 limón.

Procedimiento:

Ponemos a cocer la carne con el ajo, lo que realzará su sabor. Una vez cocida, la deshebramos con mucho cuidado, luego la revolvemos con la cebolla, los chiles verdes y el cilantro. Aparte mezclamos el jugo de limón con la sal y el orégano. Bañamos con esto la carne. Por último, adornamos con el tomate rojo y el aguacate. Es un guisado agrio que no llega a molestar nuestro paladar.

TERNERA EN NOGADA

Ingredientes:

1 1/2 kg. de trozos de ternera
1 1/2 litros de agua
2 cebollas medianas

2 dientes de ajo

1 rama de tomillo

3 cucharadas de mantequilla

150 grs. de nuez molida

1 lata grande de leche evaporada

5 tazas de caldo de ternera

50 grs. de almendras, picadas y tostadas

Pimienta

Sal al gusto

Procedimiento:

Hervimos la ternera en suficiente agua con una de las cebollas, de modo de que ésta realce su sabor. Añadimos el tomillo y a medio cocimiento agregamos sal; debe quedar suave. Cuando se enfríe cortamos en rebanadas delgadas. Calentamos la mantequilla, friendo en ella la otra cebolla ya picada, hasta que cambie de color. Agregamos la nuez molida y la leche evaporada; salpimentamos para darle sabor, luego vertemos el caldo de la ternera. Dejamos que hierva removiendo constantemente. Después agregamos los trozos de ternera. Al servirla espolvoreamos con la almendra, esto le dará un toque final exquisito.

TORTITAS DE CARNE

Ingredientes:

500 grs. de carne de res, molida
1 cebolla
1 lechuga
1 yema de huevo
4 papas fritas
Pan molido
Pimienta
Vinagre
Sal al gusto

Procedimiento:

Preparamos la carne mezclándola con cebolla, yema de huevo, sal, pimienta y vinagre; cuando tengamos todo bien incorporado, añadimos el pan molido; sabremos que es suficiente cuando la carne ya no se nos pega en las manos. Hacemos con ella tortitas que dejaremos orear antes de freír; éste es el secreto de nuestra receta, pues si freímos la carne de inmediato, su sabor no será el mismo. Se sirve con las papas y la lechuga rallada, lo que le dará un balance perfecto a nuestro guisado.

VERDOLAGAS CON CHIPOTLE

Ingredientes:

1 kg. de verdolagas
2 chipotles
1 diente de ajo
2 cucharadas de cebolla picada
4 cucharadas de aceite para cocinar
500 grs. de retazo de cerdo
Sal al gusto

Procedimiento:

Abrimos los chipotles, les retiramos las venas y las semillas, luego los dejamos remojando con un poco de agua. Licuamos el chipotle con el diente de ajo, lo que le dará sabor, después sazonamos la salsa en un poco de aceite. Aparte, doramos la carne en aceite, añadimos cebolla y luego otro poco de agua para que la carne se termine de cocinar. A medio cocimiento, le agregamos la sal. Una vez que la carne ha quedado cocida, agregamos el chile molido y las verdolagas ya cocidas con un poco de sal.

Postres

ALMENDRAS GARAPIÑADAS

Ingredientes:

200 grs. de azúcar
150 grs. de almendras crudas con piel
100 ml. de agua
1 limón, el jugo
Papel aluminio

Procedimiento:

Engrasamos ligeramente un trozo de papel aluminio. En una sartén honda ponemos el agua, el azúcar y las almendras, luego llevamos todo al fuego y dejamos cocer lentamente hasta que se haya consumido. Retiramos del fuego y revolvemos hasta que el azúcar se separe. Volvemos a colocar la sartén a fuego lento, moviendo constantemente hasta que el azúcar empiece a acaramelarse. Retiramos sin dejar de mover. El indicativo será cuando las almendras estén todas cubiertas. Añadimos el jugo de limón cuidando que todo quede bien revuelto. Vaciamos la mezcla al papel aluminio engrasado y dejamos que se sequen.

Las almendras pueden ser sustituidas por cacahuates, avellanas o nueces, en cuyo caso obtendrá un postre igual de delicioso.

BIGOTES DE ARROZ

Ingredientes:

1 taza de arroz lavado
2 tazas de leche
2 huevos
1 taza de agua
1 taza de pan molido
1 taza de azúcar
1 cucharada cafetera de canela en polvo
Aceite para freír

Procedimiento:

Mezclamos la leche con la mitad del azúcar y una taza de agua; a esta mezcla le añadiremos el arroz y dejaremos que se cueza; dejamos enfriar extendiéndola en una charola, aparte batimos los huevos. Tomamos un poco del arroz y lo hacemos rollito, luego lo pasamos por el huevo batido, lo revolcamos en el pan molido y freímos en el aceite. En una charola, mezclamos el resto del azúcar y la canela en polvo y ahí revolcamos cada uno de los rollitos ya fritos.

BUÑUELOS

Ingredientes:

450 grs. de harina de trigo
2 huevos
1 cucharada de royal
1/2 cucharada de sal
2 cucharadas de anís
1 taza de agua
3 piloncillos
1 taza de agua
1 raja de canela
1 pizca de anís
Manteca de cerdo

Procedimiento:

Ponemos a hervir el anís en el agua, luego dejamos que se enfríe. Aparte, cernimos la harina y el polvo de hornear, los juntamos y echamos un poco de sal. Añadimos los huevos, la sal y el agua con el anís y formamos una masa similar a la de las tortillas de harina. Dejamos reposar un rato. Formamos bolitas con la masa ya preparada, de preferencia todas de un mismo tamaño, extendemos con un rodillo, hasta obtener unas tortillas delgadas. Dejamos orear un poco y freímos en manteca caliente. Aparte, ponemos a hervir el piloncillo en una taza de agua, añadimos la pizca de anís y la raja de canela, dejamos que se forme un rico jarabe, con el cual bañaremos (al gusto) cada uno de los buñuelos; para una mejor presentación, podemos espolvorear con un poco de azúcar y canela molida.

CAJETA DE CELAYA

Ingredientes:
3 litros de leche de cabra
1 cucharada de almidón
500 grs. de azúcar
1 copa de jerez dulce
1/2 cucharada de bicarbonato de sodio
1 raja de canela

Procedimiento:

Ponemos dos litros y medio de leche a calentar en una cacerola, agregamos la canela y el azúcar, dejando que se hierva a fuego medio, durante treinta minutos. Pasado ese tiempo, añadimos el almidón previamente disuelto en un octavo de litro de leche. Dejamos hervir durante cinco minutos y añadimos el bicarbonato previamente disuelto en la leche restante. Mantenemos el hervor revolviendo constantemente hasta que se vea el fondo de la cacerola. Vertemos el jerez y dejamos que hierva más tiempo. Finalmente, vaciamos en un molde para que se enfríe.

CAPIROTADA

Ingredientes:

4 bolillos partidos en rebanadas
2 panochas de piloncillo
1/2 taza de cacahuates pelados
1/2 taza de pasas
1 taza de queso añejo partido en cuadros
1 rama de canela
2 tazas de agua
1 cucharada sopera de grageas de colores
Aceite para freír

Procedimiento:

Ponemos a hervir el piloncillo junto con la canela y las dos tazas de agua, formando con ello una miel. Doramos las rebanadas de pan en aceite y dejamos que se escurran en una servilleta. En una cazuela, colocamos una capa de rebanadas de pan, las cubrimos con pasas, cacahuates y trozos de queso, luego ponemos otra capa de pan, pasas, cacahuate, etcétera. Y así sucesivamente. Al final, bañamos todo con la miel. Ponemos la cazuela a baño María durante media hora para que se suavice el pan. Espolvoreamos con grageas de colores.

COCADA

Ingredientes:

2 litros de leche
1 1/2 kg de azúcar
500 grs. de coco rallado
2 tazas de agua
12 huevos
20 almendras picadas

Procedimiento:

Hervimos la leche con un kilogramo de azúcar sin dejar de mover, hasta que espese bien.

Aparte hervimos el coco rallado en dos tazas de agua y con quinientos gramos de azúcar. Cuando está cocido el coco, lo revolvemos con la leche. Batimos las doce yemas de huevo y las agregamos a la mezcla poniendo todo a fuego lento. Cuando hierva, vertemos en un platón, adornamos con las almendras y metemos al horno hasta que dore.

FLAN DE VAINILLA

Ingredientes:
- 1 lata de leche condensada
- 6 huevos
- 1 lata de leche evaporada
- 1 taza de azúcar
- 2 cucharadas de concentrado de vainilla

Procedimiento:

En una licuadora colocamos los huevos, las tazas de leche y el concentrado de vainilla. Aparte, ponemos el azúcar en una sartén a fuego lento, sin dejar de mover, hasta que se ponga de color café claro. Vertemos poco a poco el azúcar líquida en un refractario rectangular o redondo cubriendo la superficie y las paredes del mismo, luego vaciamos la mezcla de las leches licuadas. Llenamos un molde con agua a la mitad y sumergimos allí el refractario llevándolo al horno a 180°; el cocimiento no debe durar más de quince minutos. Si se hace en olla exprés, está en media hora. Luego llevamos nuestro postre al refrigerador y ahí lo dejamos cerca de dos horas.

PAN DE ELOTE

Ingredientes:

3 tazas de granos de elote
1 lata de leche condensada
80 grs. de queso crema
4 huevos
2 cucharadas de polvo para hornear
200 grs. de mantequilla
1 chorro de esencia de vainilla

Procedimiento:

Licuamos todo, excepto la mantequilla, y vaciamos en un molde previamente engrasado con la mantequilla. Ponemos papel estraza encima y volvemos a engrasar; encima del papel vaciamos la pasta y la metemos al horno a 180° C, durante veinte minutos aproximadamente, o

hasta que al introducirle un cuchillo éste salga
limpio.

ROSCA DE LIMÓN

Ingredientes:
   2 limones, la raspadura
   3 tazas de harina cernida
   8 cucharadas de mantequilla sin sal
   4 huevos
   1 taza de leche
   2 tazas de azúcar
   2 cucharadas de polvo para hornear
   1/2 cucharadita de sal
   1/2 taza de jugo de limón
   3/4 de taza de azúcar

Procedimiento:
   Extendemos la harina en un recipiente y añadimos el polvo para hornear. Aparte, con una
batidora eléctrica, batimos la mantequilla hasta
que se ponga de color claro, agregamos las dos
tazas de azúcar, los huevos, la leche y la harina
cernida con el polvo para hornear, todo poco
a poco para que se incorpore bien; por último,
añadimos la raspadura de limón y la media cucharadita de sal. Vaciamos la mezcla a un re-

cipiente previamente engrasado y metemos al horno durante una hora, o hasta que al introducirle un cuchillo éste salga limpio. Dejamos que se enfríe y desmoldamos; vamos a bañar nuestra rosca con la mezcla de jugo de limón y azúcar.

Índice